SAMUEL BARBER

STRING QUARTET

Op. 11

G. SCHIRMER, Inc.

DISTRIBUTED BY

7777 W. BLUEMOUND RD. P.O. BOX 13819 MILWAUKEE, WI 53213

String Quartet

Samuel Barber, Op. 11

I

Molto allegro e appassionato ♩ = 126

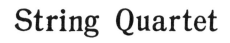

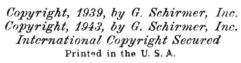

40274 C

7 agitando

Più largo

8

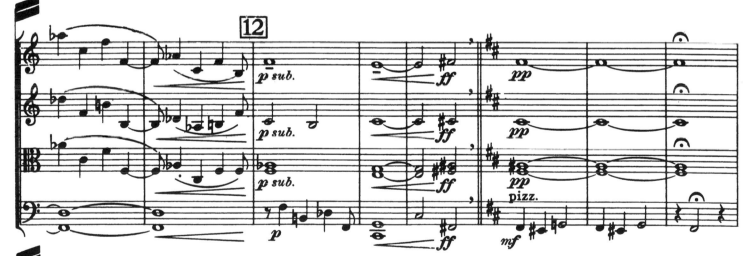

13 Tempo I°

II

Molto adagio

with increasing intensity

Molto allegro (come prima)

8 Poco più mosso

Più tranquillo

9 tranquillo · allarg. sempre

poco a poco a tempo

10